ADÁN Y EVA
y el
Jardín *del*
Edén

Este libro está dedicado a los niños
de la Escuela Primaria Shapla.

El Proyecto Edén da a conocer las plantas a las personas.
Está pensado para que se fomente un mayor entendimiento
del jardín global que compartimos; asimismo pretende difundir
el respeto por las plantas y su protección.

BLUME

Título original:
Adam and Eve and the Garden of Eden

Traducción:
Maite Rodríguez Fischer

Coordinación de la edición en lengua española:
Cristina Rodríguez Fischer

Primera edición en lengua española 2004

© 2004 Art Blume, S.L.
Av. Mare de Déu de Lorda, 20
08034 Barcelona
Tel. 93 205 40 00 Fax 93 205 14 41
E-mail: info@blume.net
© 2004 Jane Ray

I.S.B.N.: 84-95939-84-3

Impreso en Singapur

CONSULTE EL CATÁLOGO DE PUBLICACIONES ON-LINE,
INTERNET: HTTP://WWW.BLUME.NET

ADÁN Y EVA

y el

Jardín *del*

Edén

Jane Ray

BLUME

Muy al principio de los tiempos, la Tierra era un lugar seco y polvoriento, donde nadie podía vivir y nada podía crecer. Entonces Dios creó una niebla que humedeció todo el suelo.

Después, con sus grandes manos, formó al primer hombre con el barro de la tierra recién humedecida.

Luego sopló el aliento de la vida sobre la nariz del hombre para que se convirtiera en un alma viva y cálida. Por último, le dio un nombre, Adán, que significa «tierra».

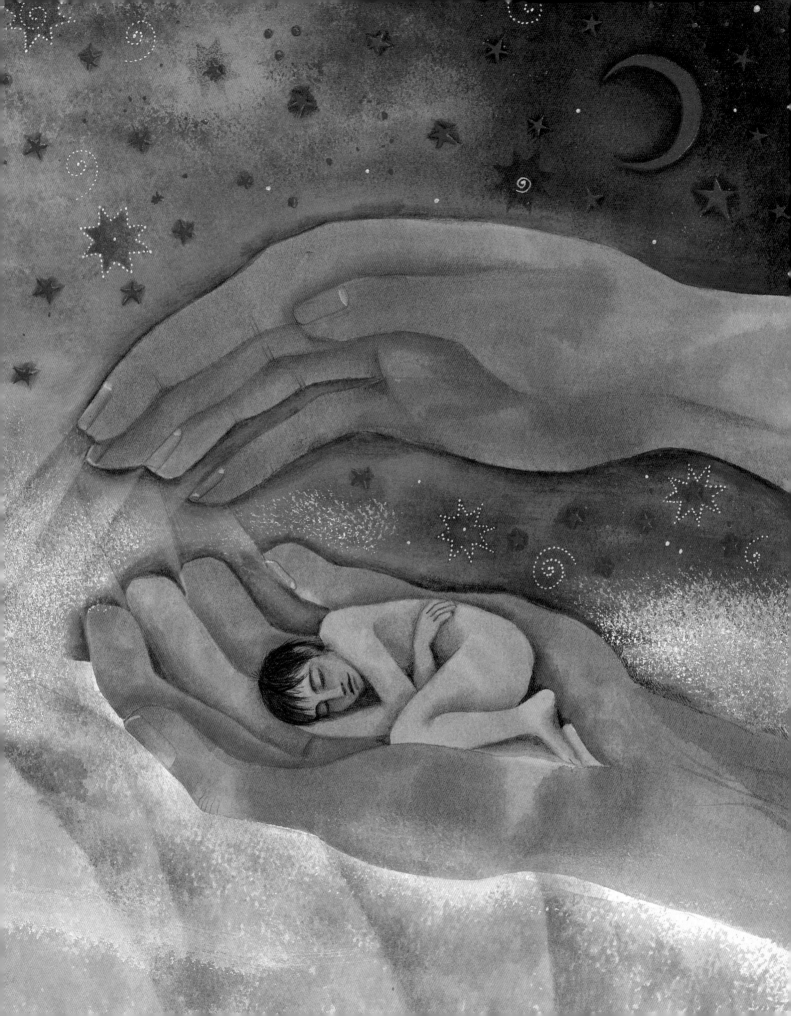

En un lugar llamado Edén, Dios plantó un jardín para Adán. Estaba lleno de plantas de hermoso aspecto y deliciosos frutos comestibles.

En medio del jardín
se encontraba una fuente.
Dos grandes árboles crecían
a su lado, el árbol de la ciencia del bien
y del mal y el árbol de la vida.

Dios advirtió a Adán:
—Puedes comer todo lo que quieras, excepto
los frutos del árbol de la ciencia del bien y del mal
y del árbol de la vida. Si los comes, morirás.

El Jardín del Edén era hermoso. El aroma
de las flores llenaba el aire. Los suculentos
frutos y las bayas maduraban al sol.
   Adán era feliz cuidando el jardín
como Dios le había pedido.

Adán amaba su jardín, pero
estaba solo. Así que Dios creó
criaturas de todo tipo:
fuertes y mansas,
de piel elegante y de cuerpo escamoso,
con manchas, plumas,
motas o rayas.

Algunas de ellas se arrastraban,
   otras se deslizaban,
      unas cuantas saltaban,
         algunas nadaban,
            otras volaban.
Adán les dio nombre a todas ellas. Pero aún necesitaba
un amigo para compartir su hogar.

Así que Dios sumió
a Adán en un profundo
sueño. Mientras Adán
soñaba, Dios le extrajo
una de sus costillas y volvió
a cerrarle el cuerpo. Dios
convirtió la costilla en
una mujer, la compañera
ideal para Adán. Le dio
el nombre de Eva,
que significa «madre
de todos los seres
vivos».

Así fue cómo Adán y Eva
se dedicaron a cuidar juntos
de su jardín mágico, donde
vivían en paz con los animales.

abc

Ellos cantaban y bailaban y jugaban –o en
ocasiones simplemente se sentaban a observar
la belleza de todo lo que les rodeaba.

Nunca jamás probaron los frutos de los árboles
prohibidos.

Hasta que, un soleado día, mientras Eva estaba sentada sola a la sombra del árbol de la ciencia, la serpiente apareció a su lado.

—Espero que Dios te haya dicho que no comas el fruto de este árbol. ¿Es así? —dijo la serpiente.

Eva le contestó:

—Podemos comer cualquier cosa, pero Dios dice que si comemos el fruto de este árbol, moriremos.

—¿Morir? ¡No moriréis!
La serpiente se acercó a Eva
y le susurró al oído:
—Los frutos de estos dos
árboles abrirán vuestros
ojos y os harán sabios,
como un dios.
¿No os gustaría probarlos?

La serpiente desapareció entre las sombras y Eva se quedó otra vez sola. Eva miró hacia el fruto del árbol de la ciencia. ¿Realmente se volvería sabia si lo comía?

Tenía un aroma muy dulce.

Eva extendió la mano. El fruto estaba perfectamente maduro.

Eva tomó el fruto y mordió su jugosa pulpa.

Cuando Adán volvió, acalorado y sediento, se comieron el fruto prohibido juntos.

En cuanto Adán y Eva se
acabaron el fruto, se miraron
el uno al otro, y por primera vez
sintieron vergüenza.

Rápidamente buscaron hojas
de higuera para cubrirse.

Entonces oyeron una voz que les llamaba.
Era Dios, que disfrutaba paseando por el
frescor del jardín. Adán y Eva se avergonzaron
y se escondieron entre los arbustos.

Cuando Dios vio que Adán y Eva se escondían, supo que habían hecho algo indebido.

Les pidió que salieran de su escondite.

Dios preguntó a Adán:

–¿Has comido el fruto prohibido?

–Sí, así es –dijo Adán–. Pero fue Eva quien me incitó a hacerlo.

–¿Fue así, Eva? –preguntó Dios.

–Sí, así fue –contestó. La serpiente me convenció.

Dios estaba muy enfadado.

—Por lo que has hecho —le dijo a la
serpiente— te convertiré en la criatura más miserable
de la Tierra.
Te arrastrarás sobre tu barriga
y no comerás más que polvo.

Dios se volvió hacia Adán y Eva.
—Ahora vosotros aprenderéis lo que significa estar
triste, pues no sólo viviréis contentos —dijo—. Tendréis
que trabajar para cultivar vuestra comida y para criar a
vuestros hijos. Y al morir, volveréis a la tierra de la que
fuisteis hechos.

Dios amaba
a Adán y a Eva como si fueran sus hijos,
pero sabía que los tenía que alejar del Jardín
del Edén.

—Marchaos antes de que os venza la
tentación de comer del árbol de la vida,
—dijo Dios—. Ahora sois mortales y no
podéis vivir siempre.

Dios entregó a Adán y a Eva
ropas de abrigo y algunas semillas
y esquejes del jardín.
Y los envió al mundo.

Dios envió a sus ángeles para vigilar las puertas del Edén. Cerca del árbol de la vida instaló una llama brillante que oscilaba en todas direcciones, como una espada, para protegerlo.

En la tierra desnuda más allá del Edén, Adán y Eva plantaron un nuevo jardín para su familia.